18 JUIN 1913

CATALOGUE

D'OBJETS D'ART DE LA CHINE ET DU JAPON

LAQUES DU JAPON

BOIS SCULPTÉS ET INCRUSTÉS

Meubles

Sabres et Poignards — Netsukes et Gardes de Sabre

ARMURES JAPONAISES

Bronzes — Céramique

LIVRES ET ESTAMPES — PARAVENTS ET KAKEMONOS

ÉTOFFES BRODÉES

OBJETS DE VITRINE

Jades — Cristaux — Bonbonnières, etc.

VITRINES

Dont la Vente aura lieu à l'Hotel DROUOT, salle n° 9.

Les Mercredi 18 et Jeudi 19 Juin 1913, à 2 heures.

COMMISSAIRES PRISEURS

Mᵉ RAYMOND WARIN	Mᵉ GEORGES ALBINET
113, boulevard Haussmann	83, rue Taitbout

EXPERT

M. ANDRÉ PORTIER

24, rue Chauchat

[illegible]

EXPOSITION PUBLIQUE : le Mardi 17 Juin 1913

[illegible]

De 2 heures à 6 heures.

CHINE - JAPON

JUIN 1913

CONDITIONS DE VENTE

La vente sera faite expressément au comptant.

Les acquéreurs paieront 10 p. 100 en sus des enchères.

L'expert, dans l'intérêt de la vente se réserve la faculté de réunir ou diviser les lots.

L'expert assistera à l'Exposition publique et se tiendra à la disposition de MM. les amateurs qui auraient un renseignement à lui demander ou des ordres d'achat à lui confier.

CATALOGUE
D'OBJETS D'ART DE LA CHINE ET DU JAPON

LAQUES DU JAPON

BOIS SCULPTÉS ET INCRUSTÉS

Meubles

Sabres et Poignards — Netsukes et Gardes de Sabre

ARMURES JAPONAISES

Bronzes - Céramique

LIVRES ET ESTAMPES - PARAVENTS ET KAKEMONOS

ÉTOFFES BRODÉES

OBJETS DE VITRINE

Jades — Cristaux — Bonbonnières, etc.

VITRINES

Dont la Vente aura lieu à l'Hôtel DROUOT, salle n° 9.

Les Mercredi 18 et Jeudi 19 Juin 1913, à 2 heures.

COMMISSAIRES-PRISEURS

Me RAYMOND WARIN	Me GEORGES ALBINET
113, boulevard Haussmann	83, rue Taitbout

EXPERT

M. ANDRÉ PORTIER

24, rue Chauchat

Chez lesquels se distribue le présent catalogue.

EXPOSITION PUBLIQUE : le Mardi 17 Juin 1913

A l'Hôtel DROUOT, salle n° 9.

De 2 heures à 6 heures.

LAQUES DU JAPON

BOITES ÉCRITOIRES

1. — Boîte écritoire de forme quadrilatérale, en laque d'or mat, décorée en haut relief de laques d'or et d'argent, d'un dragon jaillissant des nuages près d'une cascade.

A l'intérieur du couvercle un temple au milieu des pins et des rochers, au bord de la mer.

Décor similaire dans le fond de la boîte, qui contient le mizuire, la pierre à encre, quatre pinceaux et un bâton d'encre.

Fin du XVIIIe siècle. Diam. 21 cm.

2. — Boîte écritoire en laque noir, décorée en haut relief de laques d'or et d'argent rehaussé de nacre, d'une ancre et d'un gouvernail sur lesquels voltigent de petits oiseaux d'une grande finesse de laque. A l'intérieur du couvercle, sur fond nashiji, un décor d'attributs de fêtes du premier jour de l'an.

Début du XIXe siècle.

3. — Boîte à écrire, en laque nashiji, décorée d'un semis de coquilles d'awabi, extérieurement laquées argent, offrant intérieurement de jolis paysages sur fond de laque d'or. A l'intérieur du couvercle un riche décor présentant de nombreux coquillages de nacre sur la grève, près de bambous et au ciel un vol de grues se dirigeant vers le soleil ; dans les rochers une tortue marine : réunion symbolique de félicité et de longévité.

Fin du XVIIIe siècle.

4. — Nécessaire complet contenant trois pierres à encre, deux mizuires, divers bâtons d'encre noire et de couleurs, et un abaque ou compteur chinois.

INROS

5. — Inro à quatre cases en laque d'or pavé de pépites, décoré sur les deux faces d'un daimyo et de sa nombreuse suite chassant dans les plaines au pied du Fuji-yama.

xviiie siècle.

6. — Inro à quatre cases en laque d'or de différents tons, rehaussé de laque d'argent, offrant une grue survolant les flots de la mer au lever du soleil.

Signé : *Koman Kioriu.*

7. — Inro à quatre cases, décoré en polychromie sur un fond de laque d'or de l'assemblée des sept dieux du bonheur avec leurs attributs préférés.

Fait par *Kajikawa* d'après un dessin de (Kano) *Yeitoku.*

8. — Inro à deux cases, de forme arrondie, en laque noir, décoré au laque d'or d'une haie de chrysanthèmes fleuris.

Fin du xviiie siècle.

9. — Joli inro à trois cases, décoré sur un fond de laque noir en poudré de laques d'or et d'argent, d'une grue dans un marais près de lotus épanouis.

Signé : *Koman Yassunori.*

10. — Inro à quatre cases en laque noir, décoré au laque d'or de deux singes sous un arbre.

Signé : *Kajikawa.*

11. — Inro à quatre cases en laque noir, décoré en laques d'argent et d'or, d'une langouste et d'une dorade.

xixe siècle.

12. — Inro à trois cases, offrant sur un fond de laque noir, un daimyo sur un cheval fougueux.

xixe siècle.

13. — Inro à quatre cases, en laque noir poudré d'or et d'argent, représentant un vol d'oies sauvages au-dessus des marais.

Signé : *Kwanchosai d'après un dessin de Yosenhoyen.*

14. — Inro à quatre cases en laque d'or mat, décoré en laques polychromes et feuilles d'or de trois grues au-dessus des flots, au lever du soleil.

Signé : *Koman Te-c.*

15. — Inro à quatre cases, en laque noir, décoré au laque brun de deux rats.

16. — Très joli inro à secret formé d'un tube à trois cases, décoré sur fond de laque noir de trois perdrix, glissant dans une gaine de laque alternativement poudré d'or ou pavé de burgau.

XIXe siècle.

17. — Inro à trois cases en laque imitant le cuir décoré au laque d'or et rehaussé de nacre, montrant trois oiseaux accourant vers une grappe fleurie.

Signé : *Mitsunari.*

18. — Inro à une case en laque noir, décoré au laque d'or de crabes et de paniers de pêche.

XIXe siècle.

19. — Inro à quatre cases, en laque noir décoré au laque d'or d'une branche de chrysanthème aux feuilles de nacre et d'une poésie, formant souhait pour un anniversaire (91 ans).

XIXe siècle.

20. — Inro à quatre cases, en laque noir offrant, en laques variés, un décor de livres, de brûle-parfums et de vases fleuris.

XIXe siècle.

21. — Inro à coulisse, formé de quatre compartiments en laque rouge, décoré au laque d'or d'un personnage jetant des pois, le premier jour de l'an, à un oni qui s'enfuit épouvanté.

L'inro est pris dans un encadrement de laque noir.

XIXe siècle.

22. — Inro à une case en bois naturel décoré, dans le style de Korin, de pins près d'un torii.

XIXe siècle.

23. — Inro à une case en bambou sculpté et incrusté de nacre, offrant en relief, divers instruments de musique, shô, gekkin et biwa.

Netsuke en bois naturel représentant un fruit enfeuillagé.

XIXe siècle.

24. — Inro à une case, en fer, repoussé d'un masque et d'un écran. Netsuke en fer découpé représentant une cigale.

25. — Pochette en laque d'or représentant le sac aux takaramono, joliment décorée sur fond de laque makie, de médaillons d'oiseaux ou de fleurs stylisées.

XIXe siècle.

26. — Pochette en bois naturel sculpté et incrusté d'inros et d'éventails, dont le couvercle glissant, dégage de nombreux petits tiroirs.

LAQUES DIVERS

27. — Boîte de forme quadrilatérale, avec plateau intérieur, décorée sur un fond de laque noir d'un paysage en laque d'argent.

Début du XIXe siècle. Diam. 15 cm.

28. — Boîte de forme rectangulaire, avec plateau intérieur, décorée sur un fond de laque noir en relief de laque d'or de la terrasse d'une habitation au milieu des arbres.

XIXe siècle. Diam. 17 cm.

29. — Petite boîte de forme rectangulaire et lobée, ciselée sur un fond de vagues stylisées en laque d'or de gracieux chrysanthèmes fleuris.

XIXe siècle. Diam. 8 cm.

30. — Boîte à message de forme rectangulaire, décorée sur un fond poudré d'or, de glycines en laques polychromes.

XIXe siècle. Diam. 22 cm.

31. — Autre boîte à message de forme rectangulaire, offrant un semis de feuilles d'érable en laques d'or sur fond de laque noir.

XIXe siècle. Diam. 23 cm.

32. — Petit brûle-parfums, en laque doublé de cuivre, décoré au laque d'or de bouquets d'iris.

XIXe siècle. Haut. 8 cent.

33. — Boîte tubulaire en laque d'or mat, décorée sur le couvercle d'une rosace fleurie.

XIXe siècle. Diam. 7 cm.

34. — Boîte à parfums, décorée dans le style de Korin, sur un fond de laque d'or mat, de chrysanthèmes aux fleurs de nacre.

Haut. 8 cm.

35. — Boîte de forme rectangulaire en bois naturel, décorée au laque d'or, sur le couvercle d'un paysage maritime et sur le pourtour de personnages halant des barques.

Diam. 10 cm.

36. — Boîte de forme rectangulaire en laque rouge décorée, sur le couvercle, en laque d'or et nacre, d'un vol de gracieuses libellules.

Haut. 12 cm.

37. — Petit cabinet en bois naturel décoré au laque d'or, sur les diverses faces de paysages maritimes. L'intérieur, que dégage une des faces en glissant, comprend trois tiroirs décorés au laque d'or d'attributs divers.

Haut. 20 cm.

38. — Jolie boîte rectangulaire en laque nachiji, contenant un plateau avec porte-miroir, une boîte rectangulaire avec les épingles à chevelure, trois boîtes à parfums, décorées du même motif; fleurs de cerisier dans un courant sinueux. Un tiroir inférieur forme boîte écritoire et porte-miroir.

XIXe siècle. Diam. 26 cm.

39. — Grande coupe à saké décorée sur fond de laque rouge de branches de chrysanthèmes, d'éventails et d'instruments de musique.

Diam. 33 cm.

40. — Quatre coupes à saké à décors variés de personnages ou de motifs fleuris.

L'une signée : *Ukibune*.

41. — Jolie coupe à saké, décorée d'une carpe dans les vagues.

Signée : *He sensai*.

42. — Quatre coupes à saké en laque rouge à décors, en laque d'or, variés.

Signées : *Ukibune et Hakkisai*.

43. — Deux bols couverts en laque noir, décorés d'attributs de fête du du premier jour de l'an, langouste et branches de pins.

44. — Un bol couvert en laque noir, décoré au laque d'or des armoiries des Tokugawa.

45. — Très belle boite cantine à quatre compartiments en laque noir, décorée au laque d'or d'une jolie floraison d'iris au bord d'un ruisseau sinueux, au-dessus duquel serpente une fragile passerelle.

Fin XVIIIe siècle. Haut. 50 cm. Diam. 31 cm.
Signé : *Suke* (Yu).

46. — Cabinet cantine en laque noir comprenant, une boite à quatre compartiments en laque noir, décoré au laque d'or de motifs fleuris stylisés et de chrysanthèmes, et une bouteille à saké en métal argenté, ciselé de chrysanthèmes.

Fin XVIIIe siècle. Larg. 31 cm. Haut. 25 cm.

47. — Très joli porte-sabres à cinq places en laque noir, décoré au laque d'or de moineaux survolant les flots de la mer.

48. — Tabacobon en bois naturel décoré au laque d'or d'un paysage planté de pins. Garniture en argent ciselé et repoussé.

Diam. 20 cm.

49. — Boite à message en laque noir décorée au laque d'or de bambous et de pins au bord du ruisseau.

Diam. 40 cm.

50. — Boite formée de deux boites conjuguées, en laque noir décoré aux laques d'or et d'argent d'un enfant accroupi sur le sac d'Hoteï.

Diam. 15 cm.

51. — Boite à jeux en laque noir, décorée au laque d'or de petits médaillons de paysages. Elle est accompagnée de jetons.

Diam. 25 cm.

52. — Très jolie boite rectangulaire, à deux compartiments, en laque noir poudré d'or fin, décorée sur le couvercle d'un store de verandah auquel pendent des attributs de fête.

Le premier compartiment comprend un arc démontable et le second un jeu de petites flèches.

Long. 32 cm.

53. — Porte-sabres pour le sabre de cérémonie en laque noir, décoré au laque d'or d'armoiries de daimyo.

54. — Pupitre de lecture décoré sur le panneau supérieur, en laques divers, de dos de livres et de poésies.

55. — Petit taberou à pentures de cuivre ciselé, en laque noir, décoré au laque d'or de rinceaux fleuris et de chrysanthèmes.

Haut. 20 cm.

56. — Petit meuble cabinet en laque noir décoré au laque d'or de rinceaux fleuris stylisés entourant des armoiries de daimyo. L'intérieur comprend six tiroirs dont les faces sont décorées de poésies.

Diam. 40 cm.

57. — Très grand buffet en laque noir décoré au laque d'or de rinceaux fleuris stylisés entourant le mon des Tokugawa. L'intérieur comprend cinq grands tiroirs dont les faces antérieures offrent le même décor. Ferrures et coins en cuivre finement ciselé.

Larg. 1^m,15. Haut. 1^m,10. Profond. 75 cm.

58. — Un lot de plateaux en bois ou en laque, décorés au laque d'or.

59. — Un lot de plateaux en bois de fer, sculptés de scènes variées.

60. — Deux théières en laque, à décor d'armoiries.

61. — Cabinet étagère en laque noir, décoré en laque d'or et d'argent de branches de kaki et des armoiries de daimyo.

Haut. 75 cm. Larg. 1 mètre.

BOIS SCULPTÉS

62. — Joli petit cabinet en bois naturel comprenant trois coffres et quatre tiroirs dont les poignées sont de cuivre finement ciselé.

Haut. 65 cm. Diam. 60 cm.

63. — Autre meuble cabinet en bois de camphrier.

Haut. 55 cm. Diam. 50 cm.

64. — Autre meuble cabinet en bois naturel dont les poignées sont formées par des animaux en bronze ciselé.

Haut. 80 cm. Larg. 70 cm.

65. — Grand plateau rectangulaire en bois naturel incrusté de nacre supporté par une galerie ajourée. Médaillon représentant une scène lacustre.

Tonkin. Long. 60 cm. Larg. 35 cm.

66. — Grand plateau rectangulaire en bois naturel incrusté de nacre à décor de scènes variées.

Très joli travail tonkinois. Larg. 1 mètre. Long. 70 cm.

67. — Quatre panneaux en bois naturel incrusté de nacre.

Tonkin.

67 *bis*. — Grande banquette en bois de teck joliment incrusté de nacre. Tonkin XVIIIe siècle.

68. — Porte-kimonos en laque noir, décoré au laque d'or des armoiries des Tokugawa.

69. — Grand plateau creux en laque noir, décoré au laque d'or des armoiries des Tokugawa.

Long. 90 cm. Larg. 45 cm.

70. — Cuvette en laque noir décorée au laque d'or des mêmes armoiries.

Diam. 55 cm.

71. — Coffre à vêtements en laque noir, à coins de cuivre, et décor de motifs fleuris.

Long. 80 cm. Larg. 30 cm.

72. — Une petite garniture miniature en laque noir, décorée au laque d'or, comprenant deux petits cabinets, trois coffres, deux coupes, deux tabourets pour le saké, tasses, etc.

73. — Très beau plateau rectangulaire en laque makie, incrusté de nacre et d'ivoire, représentant une jeune femme dansant devant un samuraï accroupi sur la terrasse de son habitation : derrière lui un jeune serviteur tient un sabre. Le marlé, lobé, est finement ciselé d'éventails fleuris.

Diam. 40 × 28 cm.

74. — Table basse en laque noir poudré d'or fin décorée d'un ruisseau serpentant au milieu d'iris et de plantes aquatiques où butinent de nombreux papillons, aux ailes nacrées.

Diam. 80 × 35 cm.

75. — Autre table basse en bois naturel décorée au laque d'or d'un paysage maritime.

Diam. 60 × 28 cm.

76. — Assiette en laque noir imitant le cuir, décorée au laque d'or d'attributs divers.

Diam. 26 cm.

77. — Petit plateau en laque noir décoré, en laques d'or et d'argent, des armoiries des Tokugawa.

Diam. 22 cm.

77^{a}. — Grande boîte cantine de forme quadrilatérale en laque aventurinée, à cinq compartiments, décorée au laque d'or d'un vol de grues au milieu de nuages stylisés.

Haut. 41 cm.

77[b]. — Boîte écritoire en laque noir, décorée au laque d'or d'un cerisier en fleurs. Pierre à encre et mizuire.

Fin XVIII[e] siècle.

77[c]. — Petit meuble cabinet en laque noir décoré au laque d'or de rinceaux fleuris stylisés.

Haut. 38 cm. Larg. 37 cm.

77[d]. — Petite cantine en laque aventuriné décorée de motifs rayonnants en laque d'or : la bouteille à saké, en forme d'un taiko, est décorée au laque d'or d'un oiseau Hôo.

XVIII[e] siècle. Haut. 18 cm.

77[e]. — Petite boîte rectangulaire à deux compartiments en laque aventuriné, décorée au laque d'or du décor sho-chiku bai (pins, bambous et cerisiers).

Fin XVIII[e] siècle. Haut. 13 cm.

77[f]. — Petite cantine décorée sur fond de laque brun, alternativement de laque d'or et de laque d'argent.

Haut. 20 cm.

77[g]. — Petit meuble coffret en laque brun poudré d'or, la porte décorée de motifs fleuris en incrustations diverses.

77[h]. — Petit cabinet en bois avec marquetterie formé de deux corps avec tiroirs.

Haut. 30 cm.

77[i]. — Cinq plateaux en laque d'or, à décors variés.

77[j]. — Plateau en laque tsuikoku sculpté de personnages et d'habitations.

SABRES ET POIGNARDS

78. — Sabre à fourreau laque noir, imitant le galucha, Garde, Kozuka et Kogaï en shibuichi à décor de dieux du bonheur et de cerfs.

Signé : Garde : *Takaso Fiju* : *Genchosai Masaharo*.
Kozuka { Lame : *Nagato no Kami Fujiwora Morimichi*.
Kozuka { Manche : *Shikayuki*.
Kogaï : *Shunriusai Sekikawa*.
Fuchi : *Tomohide*.

79. — Poignard à fourreau laqué noir et burgauté. Poignée en galucha.

...

Garniture complète en shakudo à décor de paysages finement ciselés. Kozuka en shibuichi très joliment décoré d'une carpe dans la vague.

Signé : Lame du poignard : *Hironori*, habitant Hoki, Février de la 3e année de Eiroku.

Lame du Kozuka : *Togensei*, habitant Mino.

Manche du Kozuka : *Me-se isetsu*.

Kashira : *Ippodo Me-se* (Akimassa).

80. — Sabre à fourreau laqué brun et poignée de galucha. Garniture en shibuichi à décor de personnages et d'animaux finement exécutés.

Lame du Kozuka : *Fujiwara Kanemichi*, avec ...eu de protection contre le tonnerre.

Lame de Garde : *Johunsai Hironaga*.

81. — Sabre à fourreau laqué noir, orné d'une jolie garniture en shakudo, la garde finement ciselée d'un semis de chrysanthèmes, rehaussé d'or.

Lame du sabre : *Rai Kunitoshi*.

Lame du kozuka : *Fujiwara Kaneyoshi*.

Garde : *Furukawa Zenke*.

Fuchi : *Fujinaga Motoha*: *t*.

82. — Sabre à fourreau laqué, imitant le cuir, décoré de caractères divers. Garniture complète en shakudo ciselée des dieux du bonheur. Garde représentant Hoteï assoupi, que taquine un jeune garçon.

Lame du sabre : *Tsunehisa*.

Lame du kozuka : *Sagami no Kami Masatsune*.

Manche du kozuha : *Naotsugu*.

Garde : *Soriuken Jakoku*, d'après le dessin de Sesshu.

Fuchi : *Fuku*.

83. — Sabre court à fourreau de laque noir décoré de filets de pêche. Garniture complète en shakudo, shibuichi et or de poissons variés.

Lame du kozuka : *Kinkwozan Fujiwara Kanesada*.

Manche, garde et fuchi : *Hamano Naochika*.

84. — Grand sabre de cérémonie, à fourreau de laque Nachiji avec garniture de cuivre ciselé de motifs fleuris stylisés.

85. — Poignard contenu dans un fourreau imitant un éventail fermé.

86. — Un lot d'armes orientales.

87. — Trois lances et un étendard. Ancien Japon.

87 *bis*. — Une paire de sabres, à fourreau de laque burgauté et poudré d'argent, les gardes de même décor.

87 *ter*. — Petit sabre à fourreau de laque noir.

DIVERS

88. — Un shô, à base laque noir décoré au laque d'or des vagues de la mer.

89. — Un geokkin, ou flûte avec étui de laque finement décoré de bouquets fleuris.

90. — Figure d'Amida en bois dur et sculpté.
Haut. 60 cm.

91. — Deux autres figures d'Amida en bois sculpté et doré.
Haut. 50 cm.

92. — Figure en bois sculpté représentant Fukuroku Djiu, le dieu de la longévité.
Haut. 40 cm.

93. — Figure en bois laqué et doré représentant Hoteï élevant une gourde.
Haut. 25 cm.

93 *bis*. — Deux poupées japonaises, anciennes.

NETZUKÉS

94. — Singe accroupi costumé en danseur de No. Laque d'or.

95. — Un lot de netsukes en bois.
(Sera divisé.)

96. — Un lot de netsukes en ivoire et en os.
(Sera divisé.)

97. — Quatre statuettes en ivoire. Guerriers. Shojo. Sculpteur de masques.

98. — Un lot de petites pièces sculptées dans des noix.

GARDES DE SABRE

99. — Un lot de gardes de sabre en fer, shibuichi, shakudo, etc.
(Sera divisé.)

100. — Un lot de fuchi-kashira et de menuki.
(Sera divisé.)

BRONZES

101. — Cigogne debout sur un tertre.

Haut. 65 cm.

102. — Deux vases cornet à décor de personnages en haut relief.

Haut. 40 cm.

103. — Brûle-parfums de forme quadrilatérale, avec couvercle surmonté d'une chimère debout.

Diam. 33 cm.

104. — Deux chandeliers formés de cigognes debout sur des tortues.

Haut. 40 cm.

105. — Grand vase cornet en bronze noué autour du col par une sorte de cordelière.

Haut. 30 cm.

106. — Brûle-parfums représentant un personnage à cheval.

Haut. 20 cm.

107. — Un lot de pièces diverses en bronze offrant des sujets variés.

108. — Un grand plat en émail cloisonné japonais.

Diam. 60 cm.

108 *bis*. — Une jardinière plate quadrilobée en bronze à jolie patine rougeâtre.

108 *ter*. — Un petit brûle-parfums en bronze, le couvercle ajouré de branchages.

CÉRAMIQUE

109. — Un lot important de plats, soucoupes, brûle-parfums, statuettes.
(Sera divisé.)

110. — Grand cache-pot en faïence japonaise, à décor de fleurettes stylisées et de fleurs en relief.

111. — Un lot de petites tasses et soucoupes en porcelaines diverses.

LIVRES ET ESTAMPES

112. — Une collection de livres illustrés en noir et en couleur.
(Sera divisée.)

113. — Un lot de livres illustrés, de tirage moderne, mais intéressants au point de vue documentaire.

114. — Un choix de cartes du Japon, etc.

115. — Un lot de livres d'étude, grammaires, etc.

116. — La Mangwa, d'Hokusai. Complet en quinze volumes de tirage moderne.

117. — Oyucha San et Kokana San. Deux romans japonais avec musique et traduction anglaise.

118. — Un choix d'albums joliment reliés, représentant des scènes diverses, au Yoshiwara, ou des paysages fameux, etc.

119. — Un choix d'album d'estampes reliés en volume, pour Toyokuni, Kunissada, etc.

120. — Un lot d'estampes détachées, des mêmes artistes.

121. — Un lot de surimonos, etc.

122. — Deux albums pour disposer des photographies, au dos de laque richement incrusté de nacre, ivoire, etc.

123. — Un lot d'estampes encadrées.

PARAVENTS

124. — Une paire de grands paravents à décor de scènes de guerriers.

125. — Une paire de paravents à décor de paysages.

126. — Une paire de paravents à décor de scènes de cour.

127. — Un paravent à deux feuilles décoré de trois jeunes femmes faisant de la musique.

128. — Une paire de petits paravents décorés sur fond d'or d'une escorte de daimyo passant en vue du Fuji.

129. — Une paire de petits paravents à fond d'or décorés de scènes à personnages.

130. — Un petit paravent décoré sur fond or d'un vol de grues au milieu des nuages.

KAKÉMONOS

131. — Un lot important de kakémonos.
(Sera divisé.)

ÉTOFFES

132. — Un lot de robes brodées.
XVIIIe et XIXe siècles.

133. — Un lot de jupes brodées.
XVIIIe et XIXe siècles.

134. — Un lot de fukusas.

135. — Un obi.

136. — Un grand tapis.

DIVERS

137. — Petite boite contenant un arc démontable et un jeu de flèches.

138. — Un lot d'éventails, parasols, etc., baguettes d'encens.

139. — Une pipe à opium.

140. — Un lot de bâtons d'encre de Chine.

141. — Un étui à pipe en bois naturel sur lequel rampe un serpent de cuivre.

142. — Un piano japonais.

143. — Un lot de pochettes, tabac, etc.

144. — Une armure complète, la cuirasse en fer ciselée d'armoiries diverses.

145. — Un gong.

OBJETS DE VITRINE

146. — Une boite en nacre sculptée, Louis XV, monture dorée, 0,08 *cm*.

147. — Une boite en portor lapidé, belle monture ancienne argent, 0,075 *mm*.

148. — Une boite en jade transparent, 0,08 *cm*.

149. — Une boite en agate gris bleu et rose, monture dorée, 0,07 *cm*.

150. — Une boite à deux compartiments, bouts ronds, en jaspe d'Egypte 0,10 *cm*.

151. — Une boite en bois pétrifié de palmier, monture argent doré, 0,055 *mm*.

152. — Une boite à pans en lapis, doublée en marbre de portor, 0,08 *cm*.

153. — Une boite à pans en malachite, incrustée de Florence, doublée vermeil, 0,07 *cm*.

154. — Une petite boite à pastilles, taillée à biseaux, en cornaline rubannée, 0,05 *cm*.

155. — Une boite à corps chantourné en agate herborisée, ouvrant par bout, monture argent, 0,06 *cm*.

156. — Une boite à corps chantourné en agate herborisée, monture argent, 0,075 *mm*.

157. — Une boite forme coffret, agate rubannée fleurie, monture argent doré, 0,09 *cm*.

158. — Une bonbonnière ronde en agate herborisée, monture avec charnière, 0,07 *cm*.

159. — Une bonbonnière ronde Labrador, monture sans charnière, 0,058 *mm*.

160. — Une boite à parfums ronde en agate rouge truitée, à couvercle ; à l'intérieur une cuillère, monture argent doré, 0,043 *mm*.

161. — Une boite de jade sculpté à compartiments, en forme S, cerclée or (travail européen), dans un écrin de velours.

162. — Une boite plate de forme Louis XV, en agate orientale, monture dorée.

163. — Une tabatière en ambre jaune, de forme ovale, 0,08 *cm*.

164. — Une petite boite de forme octogonale, intérieur ovale, le dessus en cristal de roche, la boite en cristal ordinaire, monture argent doré, 0,037 *mm*.

165. — Une boite profonde en cristal de roche taillé, monture argent doré, haut. 0,044 *mm*.

166. — Une casserole à couvercle en porphyre d'Egypte, bouton fleur argent, 0,083 *mm*.

167. — Sept dés allongés en agate (Indien).

168. — Une boite ronde, XVIe siècle, en agate ancienne, montée arge-t avec camée nacre romain antique (Néron).

169. — Une boite ivoire sculpté chinois, 0,038 *mm*.

170. — Une petite boite en ambre rouge, en forme de cœur, à godrons, travail turc.

171. — Un nécessaire de poche en agate rubannée, garni de ses pièces en vermeil.

172. — Un barillet en jaspe brun, 2 ouvrants, monture argent, travail anglais.

173. — Un étui de forme allongée, à pans en avanturine fondue, monture argent (italien, XVIIe s.).

174. — Un flacon en jadeite verte (chinois).

175. — Un petit gland en agate blanche, transparente, monture argent (boite à pilules d'aphrodite).

176. — Un pendeloque à pilules, en agate rouge, forme œuf, monté argent.

177. — Un pendeloque à pilules, en agate grise, forme œuf, monté argent, séparation argent, pour pilules aphrodisiaques.

178. — Deux cylindres, jade vert, 0,065 *mm*.

179. — Un cylindre, jade tigré, 0,060 *mm*.

180. — Un flacon de forme ovoïde, en jade sculpté, à deux anneaux détachés, décor à Tao-Tié, travail chinois très fin.

181. — Un vase en pierre de lar sculptée, à anneaux détachés, contenant 8 vases ajustés à l'intérieur.

182. — Une petite boîte en ivoire, en forme de pomme.

183. — Une grande assiette en jade blanc, chinois, 0,195 *mm*.

184. — Une coupe forme calice, à piedouche, à grecque au bord intérieur, jadeïte, 0,072 *mm*.

185. — Une petite coupe à anses plates en jade vert, reliefs à clous avec socle bois, 0,064 *mm*.

186. — Une coupe ovale à piedouche en agate blonde foncée, 0,094 *mm*.

187. — Une autre coupe semblable en agate blonde.

188. — Une petite coupe ronde en agate grise fleurée, monture renaissance Henri II, argent émaillé, socle carré, cristal de roche, 0,055 *mm*.

189. — Une coupe ronde, forme bol en onyx brut, 0,095 *mm*.

190. — Un baguier à pans en jaspe truitée, 0,057 *mm*.

191. — Un baguier à pans, en agate rubannée rouge et blanche 0,054 *mm*.

192. — Deux baguiers à pans, jaspe rouge et noire, 0,052 *mm*.

193. — Une augette de forme ovoïde en agate rubannée.

194. — Une augette de forme ovoïde en jaspe fleurie.

195. — Une petite coupe en lapis lazuli oriental, finement fouillé, sur support chinois en bois de fer, 0,064 *mm*.

196. — Un petit vase à anses en agate maintonnée, sur socle bois noir, 0,060 *mm*.

197. — Une coupe en agate rouge rubannée, à monture argent ciselé et anses, socle bois noir, 0,053 *mm*.

198. — Un baguier en jade formant fleur sculptée, avec pied bois de fer, 0,065 *mm*.

199. — Une plaque de sceptre en jade blanc, sculpture éléphant et chauve-souris (Indo-Chine) 0,12 × 0,11 *cm*.

200. — Une plaque de sceptre en jade blanc, fruits (Indo-Chine) 0,12 × 0,10 *cm*.

201. — Une petite coupe en jade sculpté avec une anse, pied bois de fer, Perse, 0,052 *mm*.

202. — Un précieux vase égyptien en jaspe, époque antérieure aux hiéroglyphes, contemporain du temple de Granit rose (époque Hébraïque).

203. — Un chien formant cachet en pierre dure, travail russe, haut. 0,054 *mm*.

204. — Une coupe ovale, lotus enfeuillagé, en jade (chien), très ancien.

205. — Deux statuettes en jade, travail chinois, haut. 0,10 *cm*.

206. — Un personnage à tête d'oiseau en jade, sur socle cristal de roche 0,05 *cm*.

207. — Une cafetière en jade sculpté avec anse et goulot, monture argent, travail persan.

208. — Un vase forme conique en jade vert foncé, monté sur embase cristal de roche.

209. — Un vase en agate rubannée, à couvercle monté à bague, à pied, dessus fleurettes, doré.

210. — Un encrier persan en jade incrustée d'or et de rubis, travail persan, monté en argent doré, une émeraude sur le dessus, dans un écrin.

211. — Une petite coupe en cornaline rouge avec la soucoupe.

212. — Une petite coupe en cornaline rouge avec sa soucoupe et une anse.

213. — Un morceau d'agate grise avec veine blanche taillée en singe et veines vertes taillées en feuilles d'arbre, travail chinois, très fin.

214. — Très joli amorçoir en courge gravée, monté argent, XVIIe siècle : la Foi, l'Espérance, la Charité et autres figures. Travail italien très rare.

215. — Un morceau d'améthyste de l'Inde, partie zonée, monté en loupe Louis XV.

216. — Un morceau de cristal de roche, vieux Chine sculpté, branches, feuilles et fruits, creusés en coupe, Chine, 0,12 × 0,09 *cm*.

217. — Un presse-papier en cristal de roche, feuilles et fruits, Chine craquelé.

218. — Une coupe ovale en cristal de roche, gravée, à bords enroulés, époque Renaissance.

219. — Un morceau de cristal de roche sculpté de salamandre, creusé en auget, travail indien très ancien.

220. — Un vase chinois en cristal de roche craquelé, gravé, avec pied pris dans la masse, haut. 0,15 *cm*.

221. — Une borne en cristal de roche, montée sur tige, à pied angulaire avec flamme. Européen, haut. 0,12 *cm*.

222. — Une coupe ronde montée sur pied tourné en cristal de roche ; base carrée, virole argent doré. Européen, diam. 0,08 *cm*.

223. — Une coupe à augette pour perles en cristal de roche, montée sur pied carré, perle baroque, haut. 0,062 *mm.*

224. — Un dragon en cristal de roche fumé, sur pied bois de fer, vieux Chine.

225. — Une petite boite ovale, agate brune, monture dorée, 0,06 × 0,045 *mm.*

226. — Une boite en jaspe, forme Louis XV, à pans, monture dorée.

227. — Un petit médaillon à pans, en argent, époque Louis XV.

228. — Un vase en verre de Venise, ancien, avec bec, haut. 0,11 *cm.*

229. — Une tête de femme, améthyste sculptée, vêtements argent, montée sur un socle rond en jaspe, haut. 0,09 *cm.*

230. — Deux dattes rouges sculptées, pierre dure, Chine.

231. — Une breloque Louis XV or, agate gravée en intaille, monture très fine.

232. — Une petite boite à pastilles filigraneuse, argent doré, de Gênes. 0,022 *mm.*

233. — Une bague indienne en jade, incrusté d'or et 7 rubis.

234. — Un bracelet en jadeite vert, chinois très précieux.

235. — Cinq fourchettes en onyx et autres matières dures montées argent.

236. — Un couteau damasquiné or, manche matière dure, jaspe vert.

237. — Un couteau damasquiné or, manche agate jaspée.

238. — Un petit stylet espagnol, poignard de jarretière.

239. — Une branche de 12 feuilles en agate vert mousseux, monté sur argent doré, travail italien du XVe siècle.

240. — Une extrémité de pipe, lapis de l'Inde, incrustée d'or, long. 0,06 *cm.*

241. — Un morceau de buis rond sculpté double face, travail byzantin.

242. — Un vase à long col bohème, émail blanc sur pied ivoire.

243. — Six coquetiers argent repoussé, style Louis XV.

244. — Quatre petits ronds de serviettes à thé en écaille de l'Inde.

245. — Quatre plaques malachite sur fer.

246. — Une bague romaine en agate orientale gravée en intaille. Une aigle.

247. — Une petite coupe en cornaline blanche, avec soucoupe.

248. — Un grigri corail, clou de girofle émail.

249. — Une petite boite à pilules en agathe rubannée, monture frise, cercle or, 0,038 × 0.25 *mm.*

250. — Une boule de marbre vert foncé, montée sur un atlas en bronze à patine verte.

251. — Une petite aube en jade incrusté d'or : travail indien, 0,021 *mm.*

252. — Un piedouche, profil mouluré, 0,045 *mm.*

253. — Un piedouche, cristal de roche uni, 0,045 *mm.*

254. — Quatre piedouches, cristal de roche, partie dépolie. 0,0086 *mm.*

255. — Une petite boite ovale en forme de cuvette, avec couvercle en agate grise, montée en argent, petit ornement en S.

256. — Groupe d'arbres et d'animaux en jade, vieux chine très ancien, boite ovale en agate rouge rubannée, en forme de vase, monture argent contenant une perle baroque. 0,075 *mm.*

257. — Plaque en lapis sur croûte gravée fleurs et feuillages dorés (talisman).

258. — Une paire de flambeaux de forme cylindrique en spath fluor anglais de 0,155 *mm.* de haut.

259. — Une paire de flambeaux en agate grise, à balustre, en quatre pièces, pieds octogones, montés en étain. Travail italien. Époque Renaissance.

260. — Une petite vitrine composée d'une cloche en verre vénitien, d'une monture en cuivre doré, à quatre supports. Cariatides à tête d'anges, au milieu une petite statuette en argent représentant un danseur romain. Style de Benvenuto Celini sur piedouche en cornaline. Travail italien. Époque Renaissance italienne.

261. — Deux jardinières carrées formées de quatre plaques de serrureries vertes montées en bronze doré. Chinois ancien.

262. — Une petite spatule à parfums, en cuivre, à tête de canard avec trois turquoises. Travail indien.

263. — Une cuillère à parfums en argent, en forme de noisette, manche long, rond et à jours. Travail persan.

264. — Un hochet à six grelots, de l'époque de la Renaissance, en argent, manche cristal de roche.

265. — Un petit médaillon carré, sujet or sur nacre, monture or à cadenas. Époque Louis XVI.

266. — Sept oiseaux en agate indien.

267. — Un petit chinois jadeite, sur pied porphyre.

268. — Une bague de pouce en jade, gravée or, travail indien.

269. — Un tout petit vase jade sculpté, chine ancien, pied porphyre.

270. — Un petit groupe « Vénus accroupie et l'Amour », en basalte. xviie siècle.

271. — Un médaillon ivoire sculpté, monture bronze doré.

272. — Un vase rond en jade de 0,075 *mm*, creux, avec caractères gravés phéniciens.

273. — Un buste de Jupiter Serapis en marbre de Paros, avec le calathos, Époque des mystères d'Isis : sur bloc acajou. Haut. 24 *cm.* ; larg. 23 *cm.*

274. — Un groupe chinois ancien, sous vitrine, composé d'un Bonze et de chiens de Fô, en bronze avec traces d'or. Première époque. Monté sur un socle en bois de fer. Début des Ming. Hauteur totale 0,40 *cm.*

275. — Douze fourchettes porcelaine de la Compagnie des Indes, argent. Louis XV.

276. — Un petit écran du Tonkin, sur son pied complet, avec incrustations, demi-relief de nacre et abéolide sur bois dur avec galerie ajourée. Larg. 0,037 *cm.* Haut. totale 0,71 *cm.*

Travail ancien de l'Annam, province de Nam-Dinh.

277. — Un coffre en laque noire xvie siècle incrustée de nacre d'alcotide de 0,47 *cm* de long sur 0,265 *mm* de large et 0,28 *cm* de haut, avec deux poignées, ajusté sur une table en bois de rose style Louis XV.

278. — Une lampe bronze Chine, forme vase, montée au gaz, 0,40 *cm.*

279. — Une boîte écritoire Japon laquée, fond noir, chrysanthèmes ors de couleur en relief sur terrain. xviiie siècle. 0,25 × 0,22 *cm.*

280. — Un Okimono Japon « Jeune Mousmée portant un présent ». 0,11 *cm.*

281. — Un plateau laque Japon ancien. 0,30 × 0,21 *cm.*

282. — Un plateau laque Japon. Signé : Gwen Riusiai. 0,38 × 0,22 *cm.*

283. — Un plateau laque Japon fin xviie siècle. Signé : Kaji-Kawa.

284. — Un sujet en ivoire : « Personnage sortant d'un coquillage. ». Socle en bois de fer. Haut. 0,07 *cm.*

285. — Un couvercle de boîte ancienne, carrée, en vieux laque noir Japon incrusté de jade, d'écail, de nacre, de malachite. Dans un cadre en bois de corail. 0,25 × 0,22 *cm*.

286. — Deux boîtes à thé cloisonnées Japon. Haut. 0,13 *cm*.

287. — Un plateau ancien Chine en laque rouge sur pieds et à rebords 50 × 33.

288. — Une malle de Daïmio en laque noire et décoration d'or 60 × 42 haut. 34 *mm*.

289. — Porte-pinceau en ancien blanc de Chine sur socle bois de corail.

290. — Un singe bronze sur socle Labrador. Presse-papier.

291. — Un netzuké Senin-Gama avec son crapaud.

292. — Un netzuké, dieu de la médecine.

293. — Un netzuké, Hoggio, personnage hollandais.

294. — Deux petits bols Chine Kwang-tsu 1875, un à fond vert, un à fond bleu, de 0.08 *cm* de diamètre environ.

295. — Un petit poignard en os.

296. — Quatre sujets sculptés Netzuké :

Un en corne, personnage tenant une ficelle entre ses dents.
Un en os, cerf accroupi.
Un en bois, charpentier.
Un en bois, oni.

297. — Deux gravures anciennes Japon coloriées dans cadres laque.

298. — Un hochet de temple en forme de boule. Ivoire sculpté et ajouré contenant 16 boules.

299. — Deux grès chinois XVIIe siècle. Kang. Hi. Pots à confitures, décor grand feu gris bleu. Diam. 17 *cm*.

300. — Un plateau laqué fond noir, feuilles d'érables, fond aventuriné.

301. — Six petits anneaux en cornaline.

302. — Une plaquette porte-carte en ivoire sculpté 2 faces de 84 *mm*.

303. — Un encrier Louis XV rocaille, bronze doré, plateau laque sur fond aventuriné or « L'Oiseau Impérial » sur Polonias.

304. — Un encrier carré Empire, socle à quatre griffes, galerie anneaux, deux encriers bronze doré, plateau laque « Les Pins Sacrés » Japon XVIIIe siècle.

305. — Un pot cylindrique à anse, vieux Chine, Compagnie des Indes. Décors mandarins. Epoque des Missions. Diam. 11 *cm*.

306. — Un vase vieux Chine à couvercle, joli décor, pieds à méandre reliefs, ébréché. Haut. 15 *cm*.

307. — Un pot à couvercle vieux Chine avec légende Kia-King. XVIIIe siècle. Diam. 7 *cm*.

308. — Une bouteille à anse Japon (Pot à saké) Samurai et jeune femme. XVIIIe siècle. Haut. 18 *cm*. Diam. 6 *cm*.

309. — Une petite jardinière et sa soucoupe à 9 personnages Chine Canton. Diam. 11 *cm* et haut. 7 *cm*.

310. — Un petit lion en ancien blanc de Chine.

311. — Deux bols Chine, l'un six lobes à fleurs, l'autre six pans à grecques intérieur vert. Epoque Tao-Kouang.

312. — Un vase forme ovoïde, l'épaulement supportant 2 anses d'éléphants en porcelaine de Satzuma. Décor de glycine.

313. — Un vase tubulaire en porcelaine de Satzuma. Décor d'éventails fleuris.

314. — Un vase cloisonné du Japon. Décor sur fond blanc de bouquets de chrysanthèmes.

MEUBLES

315. — Une vitrine Louis XVI Blondel, acajou et motifs dorés à tablettes glace. Larg. 0.65, haut. 1,50

316. — Une vitrine Louis XVI en bois peint à deux portes à tablettes glace. Larg. 0,75, haut. 1.61.

317. — Une vitrine plate à deux portes, trois compartiments, en acajou mouluré. Tablettes et fond glace. Larg. 1,20, haut. 0.79.

www.ingramcontent.com/pod-product-compliance
Ingram Content Group UK Ltd.
Pitfield, Milton Keynes, MK11 3LW, UK
UKHW032025260826
14628UKWH00006B/2726

9 782329 538754